Les Misérables

Victor Hugo

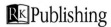
RK Publishing

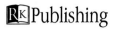

R.K. Publishing Inc.
32 Limcombe Drive, Thornhill, ON L3T 2V5
www.rkpublishing.com

Adresses électroniques :
frenchtextbooks@rkpublishing.com
ruby@rkpublishing.com

Tél. : 905 889-3530
Sans frais : 1 866 696-9549
Téléc. : 905 889-5320

Chargée de l'édition : Ruby Kaplan
Rédacteur en chef : Art Coulbeck
Révision linguistique : Renée Bédard
Service à la clientèle : Susie Baccin
Adaptation: Linda Shaunessy
Illustrations : John Castro
Mise en pages : Cynthia Cake for
WeMakeBooks.ca

ISBN 978-1-926809-39-7

Écrit, imprimé et relié au Canada

Nous tenons à remercier tout
particulièrement tous les éducateurs
et éducatrices pour leur précieuse
contribution. Nous remercions l'aide
financière du gouvernement du Canada
par l'entremise du Programme d'aide au
développement de l'industrie de l'édition
(PADIÉ) pour nos activités d'édition.

Nous reconnaissons le gouvernement
de l'Ontario par l'entremise de l'initiative
pour l'industrie du livre de l'Ontario de
la Société du développement de l'industrie
des médias.

Table des matières

Fais des recherches sur la Révolution française. Présente les informations que tu as trouvées à ton groupe.

Nous sommes en 1796, après la Révolution française.

Le désordre règne en France.

Partout, il y a des pauvres. Il n'y a pas de travail. Les gens sont obligés de mendier.

BOULANGERIE

2

Retour en arrière

· Explique comment Jean Valjean se trouve
  en prison. Donne ton opinion au sujet de
  la sentence.

Regard sur l'avenir

· Quel effet les cinq ans de bagne auront-ils sur
  Valjean? Justifie ta réponse.

Réflexion

· Comment les images t'aident-elles à comprendre
  ce qui se passe dans l'histoire?

CHAPITRE 2 La carte jaune

Pendant cinq ans, Jean Valjean accomplit des tâches très dures en prison.

À ton avis, que représentera la carte jaune?

Vous avez essayé de vous échapper, 24601! Vous êtes condamné à 14 ans de plus!

Nous sommes en 1815. Valjean sort enfin de prison.

Comment Valjean a-t-il changé en prison?

Adieu, Javert!

Au revoir, 24601. Vous allez revenir ici. Les criminels ne changent jamais!

N'oubliez pas que vous devez montrer cette carte à tout le monde. On va savoir qui vous êtes, 24601! Tout le monde! Partout!

À ton avis, pourquoi le gouvernement a-t-il insisté pour que les anciens criminels montrent cette carte?

Non, il n'y a pas de travail pour un forçat ici! Allez-vous-en!

Je n'ai pas de chance! Personne ne veut me donner de travail!

7

Retour en arrière

- Pourquoi Valjean a-t-il passé dix-neuf années en prison au lieu de cinq?
- Pourquoi est-ce qu'on refuse de lui donner du travail?

Regard sur l'avenir

- À ton avis, qui est ce vieil homme qui parle à Valjean? Que va-t-il faire pour lui?

Réflexion

- Quelles stratégies utilises-tu pour comprendre les scènes historiques qui sont totalement différentes de la vie de nos jours?

CHAPITRE 3 Les chandeliers de l'évêque

À ton avis, qui est cet homme?
Pourquoi aide-t-il Valjean?

Qui êtes-vous, monsieur? Pourquoi m'aidez-vous? Je suis un ancien forçat!

Mangez, mon fils. Et après, vous pourrez dormir près du feu. Je suis l'évêque de Digne. Pourquoi est-ce que je vous aide? Parce que vous êtes un être humain, un enfant du Seigneur.

Explique comment tu comprends le mot *évêque*.

10

Retour en arrière

Explique ce que l'évêque a fait pour Valjean et donne ses raisons.

Regard sur l'avenir

À ton avis, Valjean suivra-t-il les conseils de l'évêque? Justifie ta réponse.

Réflexion

· Dresse une liste de nouveaux mots que tu as rencontrés dans ce chapitre. Quelles stratégies as-tu utilisées pour les comprendre?

CHAPITRE 4 Fantine

À ton avis, que signifie le titre de ce chapitre?

Huit ans plus tard, en 1823, Jean Valjean est connu sous le nom de M. Madeleine, le maire de la ville de Montreuil-sur-Mer.

Pourquoi Valjean a-t-il un nouveau nom?

Bonjour, monsieur Madeleine! Nous sommes si contents que vous soyez notre maire!

C'est l'usine du maire. Il donne du travail à beaucoup de monde! Comme cet homme est bon!

Femme indécente! Tu as une fille mais tu n'as pas de mari!

Tu es une mauvaise femme, Fantine. Tu devrais avoir honte!

14

Que penses-tu de la manière dont le contremaître a mis fin au conflit? Qu'est-ce qu'il aurait dû faire, à ton avis?

Je dois travailler. Ma fille doit manger! Qu'est-ce que je vais faire? Il n'y a qu'un travail possible pour une femme comme moi!

Pourquoi, à cette époque, n'y avait-il pas beaucoup de choix pour les femmes?

Retour en arrière

- Qui est Fantine? Comment Valjean l'a-t-il connue?
- Quel est le dilemme de Valjean?

Regard sur l'avenir

- Comment Valjean va-t-il résoudre son dilemme? Considère toutes les possibilités et les conséquences de chacune.

Réflexion

- Avais-tu deviné ce que signifiait le titre du chapitre, « Fantine »?

17

Quel risque Valjean a-t-il couru en défendant Fantine?

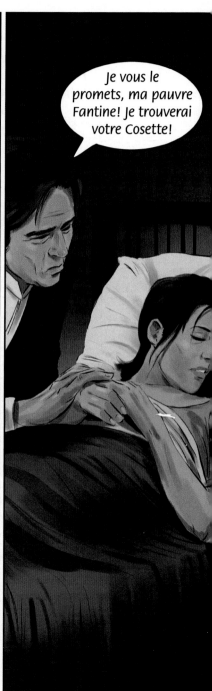

Pourquoi Valjean est-il assez fort pour sauver cet homme?

Relis le chapitre 2. Ensuite, explique pourquoi cette ruse ne peut pas réussir.

Retour en arrière

- Explique comment Javert a réussi à capturer Valjean.
- Quel rôle l'évêque a-t-il joué indirectement dans ce chapitre?

Regard sur l'avenir

- À ton avis, est-ce que Javert continuera à pourchasser Valjean?

Réflexion

- Est-ce que tu sais à l'avance ce que fera Javert?
- Est-ce que cela t'aide à comprendre l'histoire?

CHAPITRE 6 Cosette

Où est maman? Pourquoi ne vient-elle plus me voir? Est-ce qu'elle sait que les Thénardier sont cruels?

Qui est Cosette? Pourquoi Valjean la cherche-t-il?

Plus vite, petite paresseuse! Va chercher plus d'eau! Dépêche-toi!

Mais il fait noir, madame! J'ai peur!

Dépêche-toi, je te dis! Maintenant!

Ta mère ne nous paie pas, alors tu dois travailler!

J'ai du gâteau, Cosette, parce que je suis Éponine Thénardier et que mes parents sont les propriétaires. Toi, tu n'as rien parce que tu n'es personne! Où est ta mère? Dans quelle rue?

Voici 1500 livres pour vous récompenser. Cosette partira avec moi.

Ah, monsieur, ce n'est pas beaucoup pour récompenser tout notre travail, mais... Nous acceptons!

N'aie pas peur, Cosette. Nous allons à Paris. Tu seras ma fille. J'ai beaucoup d'argent. Je serai un bon papa!

Retour en arrière

· Décris la vie de Cosette chez les Thénardier. Qu'est-ce que Valjean lui a promis?

Regard sur l'avenir

· Quel rôle les Thénardier joueront-ils dans la suite de l'histoire?

Réflexion

· Pense aux contes de fée traditionnels que tu connais. Qui les personnages de Cosette, de Mme Thénardier et de l'évêque te rappellent-ils?

CHAPITRE 7 Amour et révolution

Explique pourquoi Cosette habite avec Valjean.

Nous sommes en 1832. Cosette a dix-huit ans. Elle habite à Paris avec Valjean. Ils sont très heureux.

La vie a changé pour Éponine Thénardier. Ses parents n'ont plus d'auberge. Son père est le chef d'une bande de voleurs à Paris.

À ton avis, qu'est-il arrivé aux Thénardier pour que leur situation change ainsi?

À ton avis, quel rôle Marius jouera-t-il
dans l'histoire?

Quelle chance! Je crois que c'est le type qui est parti avec Cosette il y a neuf ans. Et cette demoiselle doit être Cosette! Il est riche! Emparez-vous de lui!

Sauve-toi, Cosette! On nous attaque!

Ces voyous attaquent des citoyens honnêtes! Arrêtez-les!

C'est la plus belle fille que j'aie jamais vue! Est-il possible que je sois amoureux?

On dirait un prince dans un conte de fée! Il est si beau et si galant!

Voici deux exemples du *coup de foudre*. Crois-tu que cela existe vraiment?

Comment les paroles de Javert t'aident-elles
à comprendre son caractère?

Retour en arrière

· Comment Javert a-t-il reconnu Valjean?
Pourquoi veut-il le capturer?

Regard sur l'avenir

· Prédis ce qui se passera lors de la révolution
des étudiants.

Réflexion

· Quelles stratégies utilises-tu pour te souvenir
des personnages de l'histoire?

Et moi aussi, je vous aime, monsieur Marius. Mais je ne suis pas belle, je ne suis pas riche. Et je vais rester seule pour toujours!

Décris tes sentiments envers Éponine. As-tu de la sympathie pour elle? La trouves-tu ridicule? Justifie ta réponse.

Il est si beau, si gentil! Je suis amoureuse!

Je ne peux pas lui dire que je suis un ancien forçat, mais nous devons quitter Paris! Où est-elle?

Valjean a-t-il raison de ne pas parler de son passé à Cosette? Explique ta réponse.

Retour en arrière

- Pourquoi Valjean décide-t-il de quitter Paris?
- Quelle est la réaction de Cosette à cette décision?

Regard sur l'avenir

- Valjean et Cosette partiront-ils? Sinon, qu'est-ce qui les empêchera de partir? Si oui, comment l'histoire amoureuse se terminera-t-elle?

Réflexion

- Si cette histoire n'avait pas d'images, la trouverais-tu plus difficile à comprendre? Explique ta réponse.

À la place d'Enjolras, aurais-tu fait confiance
à un inconnu? Explique ta réponse.

43

Ils attaquent! Venez vite! Ils nous attaquent!

Retour en arrière

- Pourquoi Javert a-t-il approché Enjolras?
- Qu'est-il arrivé quand Gavroche a révélé sa véritable identité?

Regard sur l'avenir

- Prédis ce qui arrivera pendant la bataille.

Réflexion

- Quelles stratégies trouves-tu les plus utiles pour comprendre l'histoire?

CHAPITRE 10 La récompense

Qui recevra une récompense? Pourquoi?

À ton avis, est-ce que le peuple aidera
les étudiants? Explique ta réponse.

Luttez! Ne cédez pas! Nous luttons pour la liberté et la justice! Nous avons le droit de notre côté et le peuple nous aidera!

Jeune homme, connaissez-vous Marius? Où se trouve-t-il?

Le voilà, monsieur, sur les barricades. Il lutte pour les droits du peuple!

Cosette sera dévastée si Marius meurt! Je dois le sauver!

49

Vous avez parlé d'une récompense. Il n'y a qu'une chose que je veux. Qui est cet homme?

C'est un espion. Nous allons le tuer! Il cherchait à nous détruire!

Comme récompense, je demande le droit de tuer cet homme cruel et dangereux.

Ce n'est pas assez monsieur! Vous m'avez sauvé la vie! Mais si c'est ce que vous voulez, allez-y!

Retour en arrière

· Qu'a fait Valjean pour mériter une récompense?
· Quelle récompense a-t-il demandée?

Regard sur l'avenir

· Est-ce que Valjean tuera Javert? Justifie ta réponse.

Réflexion

· Quelles stratégies as-tu utilisées pour comprendre ce chapitre?

CHAPITRE 11 La fin de la révolution

À ton avis, comment la révolution finira-t-elle? Explique ta réponse.

Est-ce que le geste de Valjean t'a étonné(e)? Justifie ta réponse.

52

Retour en arrière

- Comment la révolution a-t-elle pris fin?
- Quels personnages sont morts?

Regard sur l'avenir

- Valjean réussira-t-il à sauver Marius?
- Justifie ta réponse.

Réflexion

- Quel(s) personnage(s) trouves-tu les plus sympathiques? Pourquoi?

CHAPITRE 12 Deux rencontres

Qui Valjean rencontrera-t-il en essayant de sauver Marius?

57

À ton avis, est-ce que Valjean reviendra après avoir trouvé un médecin? Justifie ta réponse.

Retour en arrière

· Pourquoi Valjean n'a-t-il pas poursuivi Thénardier pour récupérer la bague de Marius?

· Pourquoi Javert s'est-il suicidé?

Regard sur l'avenir

· Quel rôle la bague jouera-t-elle dans l'histoire?

Réflexion

· Analyse le caractère de Javert. Sa mort est-elle inattendue? Justifie ta réponse.

61

Il faut que je parte. Cosette sera en danger si je reste ici. Prends bien soin d'elle, mon fils! Au revoir!

Mais vous pouvez rester avec nous! Ou peut-être que c'est pour le mieux si vous partez

Un criminel? Un ancien forçat? Non je ne dirai rien à Cosette! Elle sera attristée du départ de son père, mais je dois tenir ma promesse!

Retour en arrière

- Qu'est-ce que Marius a promis à Valjean?
- Que va faire Valjean maintenant?

Regard sur l'avenir

- À ton avis, Marius respectera-t-il sa parole de ne rien révéler à Cosette?

Réflexion

- Pense aux prédictions que tu as faites jusqu'ici. Combien de fois as-tu eu raison?

CHAPITRE 14 Le mariage

Qui sera présent au mariage de Cosette et de Marius? Qui sera absent? Pourquoi?

Vous êtes maintenant mari et femme.

Je suis si heureuse! Mais quel dommage que mon pauvre père ne puisse pas être avec nous aujourd'hui!

Personne ne doit savoir qui nous sommes! Je vais leur dire que je suis le baron de Thénard.

À ton avis, pourquoi les Thénardier sont-ils venus au mariage?

65

Retour en arrière

· Qu'est-ce que Thénardier a dit à Marius? Comment Marius a-t-il prouvé que le vrai criminel était Thénardier?

Regard sur l'avenir

· Est-ce que Valjean pardonnera Marius?
· Pourquoi?

Réflexion

· Analyse le caractère de Thénardier. Qu'espérait-il gagner en racontant cette histoire à Marius?

CHAPITRE 15 La confession

Qui va faire une confession À qui?

Ah, je suis content de mourir maintenant! Ma Cosette sera heureuse! Il ne me reste plus rien à faire sur cette terre!

Fantine, ta fille va bien. Elle aime son mari. Elle est heureuse. Je suis prêt à te rejoindre!

69

Que penses-tu de la décision de l'auteur de faire revenir certains personnages comme esprits?

La fin

Retour en arrière

· Qu'est-ce qui a permis à Valjean de mourir en paix?

Réflexion

· Décris des exemples de coïncidences dans cette histoire.

Quel est le trésor dans cette histoire?

L'auteur des *Misérables*, Victor Hugo, est né à Besançon, en France, en 1802 et est mort à Paris en 1885. Il a écrit de la poésie, des pièces de théâtre et des romans. Il était célèbre aussi comme activiste social et homme d'État.

Hugo a publié son premier recueil de poésie en 1822, à l'âge de 20 ans. Son premier roman, *Notre-Dame de Paris* (*The Hunchback of Notre-Dame*), a été publié en 1831 et a connu un énorme succès. À cette époque, la cathédrale Notre-Dame de Paris était en mauvais état. La popularité du roman a obligé la ville de Paris à restaurer l'édifice, qui est devenu une grande attraction touristique.

En 1862, Hugo a publié *Les Misérables*. La maison d'édition a fait beaucoup de publicité pour le roman. On a vendu toutes les copies du livre en quelques heures. Bien que les critiques importants ne l'aient pas aimé, *Les Misérables* a connu une grande popularité qui perdure jusqu'à aujourd'hui. On en a fait plusieurs films, et une adaptation musicale pour le théâtre a connu un grand succès.

Républicain, Victor Hugo était contre la peine capitale et l'injustice sociale. Il a dû vivre en exil de 1851 à 1870 à cause de son opposition à l'empereur Napoléon III. À son retour en France, il a été élu à l'Assemblée nationale.

Hugo a connu plusieurs tragédies dans sa vie personnelle. Sa fille aînée, Léopoldine, est morte à l'âge de 19 ans. Elle s'est noyée dans la Seine lors d'un accident de bateau. Sa deuxième fille, Adèle, a été internée dans un hôpital psychiatrique, et ses deux fils sont morts avant lui.

Lexique

n.m. : nom masculin	v. : verbe
n.m.pl. : nom masculin pluriel	prép. : préposition
n.f. : nom féminin	expr. : expression
n.f.pl. : nom féminin pluriel	pron. : pronom
adj. : adjectif	interj. : interjection
adv. : adverbe	conj. : conjonction

a

l'abri (n.m.)	shelter
l'accord (n.m.)	agreement
l'aide (n.f.)	assistance, help
aîné, aînée (adj.)	elder, eldest
ainsi (adv.)	thus
amoureux, amoureuse (adj.)	in love
ancien, ancienne (adj.)	former
apporter (v.)	to bring
arrêter (v.)	to arrest, to stop
l'assassin (n.m.)	murderer
attraper (v.)	to catch
attristé, attristée (adj.)	saddened
l'auberge (n.f.)	inn
autrefois (adv.)	in the past
avant que (conj.)	before

b

la bagarre (n.f.)	fight
le bagne (n.m.)	forced labour
la bague (n.f.)	ring
la bataille (n.f.)	battle
se battre (v.)	to fight
le beau-père (n.m.)	father-in-law
besoin : avoir besoin de (expr.)	to need
bientôt (adv.)	soon
blessé, blessée (adj.)	injured, wounded
la boulangerie (n.f.)	bakery

c

cause : à cause de (prép.)	because of
ceci (pron.)	this
céder (v.)	to yield
la chance (n.f.)	luck
le chandelier (n.m.)	candlestick
le choix (n.m.)	choice
le, la citoyen, citoyenne (n.m.f.)	citizen
le cœur (n.m.)	heart

collet : mettre la main au collet de (expr.)	to collar someone	**élu, élue** (adj.)	elected
compter (v.)	to count	**emmener** (v.)	to take (someone)
condamner (v.)	to sentence	**s' emparer de** (v.)	to seize
le conflit (n.m.)	conflict, fight	**empêcher** (v.)	to prevent
connaître (v.)	to know (someone)	**l'emploi** (n.m.)	job
connu, connue (adj.)	known	**enfin** (adv.)	finally
conscient, consciente (adj.)	aware	**l'entrée** (n.f.)	entrance
les conseils (n.m.pl.)	advice	**envers** (prép.)	towards
le conte de fée (n.m.)	fairy tale	**envoyer** (v.)	to send
le contremaître (n.m.)	foreman	**l'épaule** (n.f.)	shoulder
le corps (n.m.)	body	**l'épingle** (n.f.)	pin
le coup de foudre (n.m.)	love at first sight	**l'époque : à cette époque** (expr.)	at that time
courir (v.)	to run	**l'épouse** (n.f.)	wife
coûter (v.)	to cost	**épouser** (v.)	to marry
créer (v.)	to create	**l'espion** (n.m.)	spy

d

		espionner (v.)	to spy
		essayer de (v.)	to try to
se déguiser (v.)	to disguise oneself	**État : l'homme d'État** (n.m.)	statesman
la demoiselle (n.f.)	young woman	**étonner** (v.)	to surprise
dénoncer (v.)	to denounce, to turn someone in	**l'événement** (n.m.)	event
		l'évêque (n.n.)	bishop
se dépêcher (v.)	to hurry		
détruire (v.)	to destroy		

f

dévasté, dévastée (adj.)	devastated		
deviner (v.)	to guess	**fâcher** (v.)	to anger
le doigt (n.m.)	finger	**la faim** (n.f.)	hunger
la douleur (n.f.)	pain	**faut : il faut** (v.)	it is necessary
le droit (n.m.)	right	**le feu** (n.m.)	fire
		filer (v.)	to get away

e

		la fois (n.f.)	time
		la folie (n.f.)	madness
s' échapper (v.)	to escape	**le forçat** (n.m.)	convict
l'édifice (n.m.)	building	**fortuné, fortunée** (adj.)	fortunate
l'égout (n.m.)	sewer	**frapper** (v.)	to hit

g

le geste (n.m.)	action, gesture
le gobelet (n.m.)	goblet, wine glass

h

le héros (n.m.)	hero
honnête (adj.)	honest
honte : avoir honte (expr.)	to be ashamed

i

inattendu, inattendue (adj.)	unexpected
l' inconnu (n.m.)	stranger
l' ingrat, ingrate (n.m.f.)	ungrateful person
injuste (adj.)	unfair
s'inquiéter (v.)	to worry

j

le juge (n.m.)	judge
jusqu'à (prép.)	up to
juste (adj.)	fair

l

le lâche (n.m.)	coward
la laiterie (n.f.)	dairy
la liberté (n.f.)	freedom
libre (adj.)	free
lieu : au lieu de (prép.)	instead of
ligoter (v.)	to tie up
la livre (n.f.)	19th century currency
la loi (n.f.)	law
loin de (prép.)	far from
lourd, lourde (adj.)	heavy
lutter (v.)	to fight

m

le maire (n.m.)	mayor
la manière (n.f.)	way
le mari (n.m.)	husband
se marier (v.)	to get married
méchant, méchante (adj.)	wicked
mendier (v.)	to beg
mériter (v.)	to deserve
montrer (v.)	to show
se moquer de (v.)	to mock
mourir (v.)	to die
la munition (n.f.)	ammunition

n

noir : faire noir (expr.)	to be dark out
nouveau : de nouveau (expr.)	again
se noyer (v.)	to drown

o

obséder (v.)	to obsess
l'ordre (n.m.)	order
oublier (v.)	to forget

p

la paix (n.f.)	peace
paresseux, paresseuse (adj.)	lazy
la parole; tenir parole (n.f.; expr.)	word; to keep one's word
partout (adv.)	everywhere
le pays (n.m.)	country
la peine capitale (n.f.)	death penalty
pendant (prép.)	during, for
la perte (n.f.)	destruction

le peuple (n.m.)	the common people
la pièce de théâtre (n.f.)	play
pire (adj.)	worse, worst
la pitié (n.f.)	pity
plein, pleine (adj.)	full
la poche (n.f.)	pocket
la poésie (n.f.)	poetry
le policier (n.m.)	police officer
porter (v.)	to carry
pourchasser (v.)	to pursue
prédire (v.)	to predict
près de (prép.)	near
la preuve (n.f.)	proof
la promesse (n.f.)	promise
promettre (v.)	to promise
le, la propriétaire (n.m.f.)	owner

r

raison : avoir raison (expr.)	to be right
la récompense (n.f.)	reward
récompenser (v.)	to repay
reconnaître (v.)	to recognize
le recueil (n.m.)	collection
récupérer (v.)	to gather, to recover
remercier (v.)	to thank
se rendre (v.)	to surrender
résoudre (v.)	to resolve
réussir (v.)	to succeed
révéler (v.)	to reveal
revenir (v.)	to come back
revoir (v.)	to see again
rire (v.)	to laugh
le roi (n.m.)	king
le roman (n.m.)	novel

s

se sauver (v.)	to run away
sauver (v.)	to save
le Seigneur (n.m.)	the Lord
signifier (v.)	to mean
soin : prendre soin de (expr.)	to care for
le soldat (n.m.)	soldier
sujet : au sujet de (prép.)	about, to do with
sûrement (adv.)	surely

t

tiens : Je vous tiens! (expr.)	I've caught you!
tort : avoir tort (expr.)	to be wrong
le traître (n.m.)	traitor
trouver (v.)	to be located
tuer (v.)	to kill
le type (n.m.)	guy

u

l'usine (n.f.)	factory

v

veiller (v.)	to keep watch
vendre (v.)	to sell
la vérité (n.f.)	truth
vieil (adj.)	old
le visage (n.m.)	face
vivant, vivante (adj.)	alive
vivre (v.)	to live
le vol (n.m.)	theft
le voleur; Au voleur! (n.m.; expr.)	thief; Stop, thief!
le voyou (n.m.)	criminel, crook